Équilibrer ses chakras par les cristaux

www.amethyste-editions.com

Retrouvez-nous sur les réseaux sociaux

@AmethysteEditions

@amethyste.editions

Suivi éditorial : Éloïse Rusch et Mathilde Rivalin
Couverture : Loanna Triffaut
Mise en page : Caroline Robin

Un Label du groupe Piktos
355, rue de la Montagne-Noire
31750 Escalquens
ISBN : 978-2-38064-036-6

Imprimé en Turquie par Elma Basim

Les Mandalas de cristaux

Auteur : Ethan Lazzerini

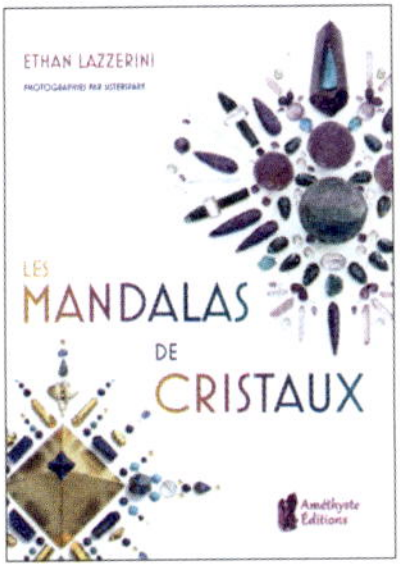

Un guide essentiel sur les mandalas de cristaux !

Êtes-vous prêt à puiser dans l'énergie de guérison et le pouvoir créatif des cristaux ?

Découvrez comment exploiter la puissance des cristaux et de la géométrie sacrée pour amplifier vos intentions, focaliser votre esprit et manifester des changements positifs dans votre vie.

Dans ce guide complet et pratique, vous apprendrez à créer et à activer des mandalas de cristaux pour vous-même, les autres ou pour votre lieu de vie, de travail, mais vous découvrirez également comment et pourquoi les mandalas de cristaux fonctionnent.

Au travers d'un ouvrage didactique et destiné tant aux professionnels qu'aux débutants, Ethan Lazzerini met à notre service plus de 25 ans d'expérience dans l'utilisation de cristaux pour réaliser 34 mandalas de cristaux pour tous les domaines (abondance et prospérité, protection psychique, guérison personnelle et distante, succès, relations, énergie accrue, motivation, liens avec les anges, confiance, meilleur sommeil, libération du karma, but de la vie, soulagement du stress, guérison de la Terre, surmonter les obstacles, purification de l'aura, paix et harmonie, protection de la maison, nouveaux commencements et bien plus encore...).

Cet ouvrage regorge de conseils et de techniques pour charger vos mandalas et les rendre le plus puissant possible. Accédez à des mandalas simples à avancés et apprenez à créer les vôtres.

Broché 15 x 21 - Illustrations N&B - 208 pages

Ethan Lazzerini

Équilibrer ses chakras par les cristaux

Guide pour débutant

Traduction par Hervé Solarczyk

Améthyste Éditions

À PROPOS DE L'AUTEUR

Ethan Lazzerini est un auteur et un blogueur vivant dans le Yorkshire, en Angleterre. Il travaille avec les cristaux depuis plus de 30 ans. Ethan travaille de façon intuitive et pratique avec les cristaux pour accéder aux informations et à l'énergie qu'ils contiennent. Pour lui, les cristaux sont des outils et des alliés spirituels pour le développement personnel, la croissance spirituelle, la manifestation et la protection psychiques. Dans ses livres et dans les articles de son blog, il s'efforce de rendre la lithothérapie limpide et facile à appliquer dans la vie de tous les jours.

Quand il n'est pas occupé à écrire, à lire ou à chasser les cristaux, il fabrique des bijoux de lithothérapie pour sa ligne de bijoux florissante, Merkaba Warrior. Vous trouverez beaucoup de guides et de conseils utiles sur la lithothérapie sur son site Internet et sur son blog :

www.ethanlazzerini.com

Restez connecté avec Ethan Lazzerini
sur les réseaux sociaux et
sur sa page YouTube : ethan_lazzerini

SOMMAIRE

INTRODUCTION

Une bonne compréhension du système des chakras vous donnera une excellente base pour tous vos futurs travaux de guérison par les cristaux.
Vous augmenterez ainsi de beaucoup votre connaissance des cristaux et vous pourrez plus facilement choisir ceux qui conviennent à vos besoins.

Je vous guiderai le long de l'échelle connue sous le nom de système des chakras. Nous explorerons chacun des chakras, un par un. Vous comprendrez comment ils sont reliés à votre mental, à votre esprit, à votre corps et à vos émotions.

Apprenez comment savoir si vos chakras sont limpides, équilibrés, faibles ou bloqués. Déterminez quels cristaux sont reliés à quel chakra, et comment utiliser ou composer votre propre set de cristaux pour chakras. Vous apprendrez des moyens pratiques, présentés pas à pas, pour purifier, équilibrer, aligner et activer l'énergie de vos chakras avec des cristaux.

Ce livre vous emmène au-delà des sept chakras principaux traditionnels. Vous découvrirez les secrets des chakras de l'étoile de l'Âme et de l'étoile de la Terre. Je vous révélerai aussi des « Astuces pour chakras » qui vous montreront comment purifier, équilibrer ou aligner tous vos chakras avec un seul cristal.

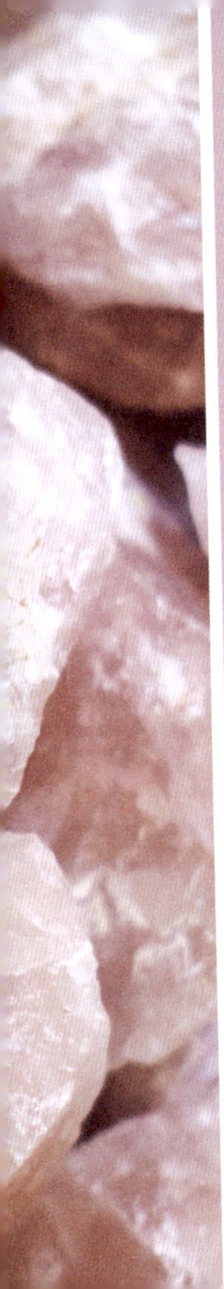

Chapitre

1

Que sont les chakras ?

Les chakras sont des centres d'énergie spirituelle alignés le long de la colonne vertébrale.
Leur connaissance nous est transmise par les traditions hindoues, vieilles de milliers d'années.
Elle est maintenant répandue dans le monde entier, avec l'intérêt croissant pour la guérison énergétique, le yoga et la méditation.

Que signifie le mot « chakra » ?

Le mot « chakra » nous vient d'un mot sanscrit communément traduit par « roue ». Les textes anciens les représentent aussi comme des fleurs de lotus sacrées. Les chakras sont souvent plutôt vus en clairvoyance comme des vortex tourbillonnants de lumière et d'énergie. Ils ont aussi été perçus comme ayant des couleurs différentes.

Que font les chakras ?

Les chakras sont une partie essentielle de votre corps énergétique, ils permettent à votre force vitale de circuler dans votre corps physique et dans votre aura (votre champ énergétique). Chaque chakra a sa propre zone d'influence et d'expression.

Vous pouvez les voir comme des niveaux de conscience que nous exprimons de diverses manières. Certains chakras concernent davantage des problèmes physiques, tandis que d'autres sont plus spirituels. Si vous êtes très concentré sur un domaine de votre vie, il y a de fortes chances que ce soit celui de votre chakra le plus actif.

Vos chakras envoient et reçoivent de l'énergie constamment. Si vous avez beaucoup de pensées négatives ou limitatrices, cette énergie négative va probablement s'accumuler dans le chakra associé et se manifester ensuite sous forme de problèmes récurrents dans votre vie.

Il en va de même pour les chakras qui s'affaiblissent ou sont peu utilisés. Certains thérapeutes holistiques croient que ceux-ci peuvent, avec le temps, se manifester sous la forme d'un problème de santé dans la zone associée du corps physique.

Les chakras sont aussi le système dans lequel circulent l'énergie psychique et l'intuition. En maintenant les chakras bien propres, vous pouvez renforcer votre intuition innée et développer vos capacités psychiques.

Combien de chakras y a-t-il ?

Il y a des centaines de chakras dans le corps et dans l'aura ; certains sont gros, d'autres petits. Ceux qui intéressent la plupart des gens sont les sept chakras principaux, qui ont en général le plus gros impact sur notre identité et la manière dont nous vivons notre vie.

Dans ce livre, j'en ai intégré deux supplémentaires, en guise d'introduction aux chakras transcendants. Ces deux chakras sont en train de devenir mieux connus.

Chapitre

2

Explorer le système des chakras

Jetons maintenant un œil au tableau des chakras en page suivante, pour voir exactement où sont les chakras. Il est utile de comprendre comment les chakras fonctionnent en les divisant en deux groupes. Voici un aperçu qui pourra vous aider.

Les chakras inférieurs

Ces chakras se trouvent dans la moitié inférieure du corps. Ils comprennent le chakra racine, le chakra sacré et le chakra du plexus solaire. Ils vibrent à l'extrémité inférieure du spectre des couleurs, où se trouvent les couleurs les plus chaudes.

Les chakras inférieurs représentent nos aspects les plus terre-à-terre dans le monde physique, dont notre connexion à la Terre, à la sécurité physique, à la sexualité et aussi la manière dont nous interagissons avec autrui.

Chakra de l'étoile de l'Âme
Chakras transcendants
Chakra coronal
Chakra frontal
Chakras supérieurs
Chakra de la gorge
Chakra cardiaque
Chakra du plexus solaire
Chakra sacré
Chakras inférieurs
Chakra racine
Chakra de l'étoile de la Terre

Les chakras supérieurs

Ces chakras se situent dans la moitié supérieure du corps et dans la tête. Ils comprennent le chakra cardiaque, le chakra de la gorge, le chakra du troisième œil et le chakra coronal. Ces chakras vibrant à un taux plus élevé, ils se manifestent sous l'aspect de couleurs plus fraîches ou plus aériennes.

Les chakras supérieurs sont en général de nature plus spirituelle, mais ils travaillent aussi avec les émotions et le mental. Ils incarnent l'amour, la communication, l'intuition et la connexion au divin.

Les chakras transcendants

Ces chakras sont situés à l'extérieur du corps physique et principalement au-dessus du chakra coronal. Ils vibrent à un taux très élevé. Certains considèrent que ce sont de nouveaux chakras, tandis que d'autres pensent qu'ils sont en réalité très anciens et que nous commençons seulement à en redevenir conscients.

Les chakras transcendants concernent le monde spirituel et la connexion au divin. Il y a des points de vue divers sur la manière dont fonctionnent ces chakras et sur les couleurs qui leur sont associées, car nous sommes encore en train de les découvrir.

Pour les besoins de ce livre, j'ai été poussé à inclure un chakra situé au-dessus du chakra coronal, appelé le chakra de l'étoile de l'Âme. Il y en a aussi un autre en dessous des pieds, appelé le chakra de l'étoile de la Terre.

Les chakras mineurs

Il y a même des chakras plus petits que l'on trouve dans tout le corps, qui reçoivent l'énergie des chakras principaux et la distribuent. Vous avez des chakras mineurs dans la paume de vos mains, dans la plante de vos pieds et au niveau de vos genoux, par exemple.

Les chakras des paumes reçoivent leur énergie du chakra cardiaque. L'énergie du chakra racine voyage le long des jambes jusqu'aux chakras des genoux et sort par la plante des pieds. Les chakras des pieds sont aussi reliés au chakra de l'étoile de la Terre, situé dans la Terre.

La couleur est vibration

Remarquez comment les couleurs des sept chakras principaux sont reliées à l'ordre des couleurs du spectre de la lumière visible, comme ce que vous voyez dans un arc-en-ciel. Tout ceci est en rapport avec l'énergie et avec la manière dont les couleurs sont créées par la lumière, qui vibre à des fréquences différentes, de la plus basse à la plus élevée.

En dépit de cette notion de vibration inférieure ou supérieure, il est important de se souvenir qu'aucun des chakras n'est « mauvais » ou moins important que les autres, tout comme pour les couleurs de l'arc-en-ciel. C'est une question d'équilibre.

À quoi ressemble un chakra limpide et équilibré ?

C'est à ses couleurs et à sa brillance qu'on voit qu'un chakra fonctionne bien, qu'il est sain, limpide et équilibré. Quelqu'un qui peut voir les chakras par clairvoyance les verra de couleurs vives et rayonnantes, avec une qualité de pierre précieuse.

À quoi ressemble un chakra déséquilibré ou bloqué ?

Si un chakra est déséquilibré parce qu'il est bloqué par une énergie négative ou s'il s'affaiblit, ceci se voit dans sa vibration et sa couleur. Quelqu'un qui peut voir les chakras par clairvoyance peut le voir comme une zone sombre dans le chakra, une couleur sale ou un manque de clarté ou de brillance.

Explorer les chakras

Maintenant, allons plus loin et explorons les différentes qualités de chacun des chakras. Vous apprendrez leurs noms sanscrits traditionnels, ainsi que les autres noms sous lesquels ils sont connus. Nous verrons les couleurs et les parties du corps physique qui leur sont associées.

J'ai séparé les qualités des chakras pour montrer les différentes manières par lesquelles ils peuvent nous affecter quand ils sont équilibrés ou déséquilibrés. Notez bien qu'un déséquilibre peut se manifester parce qu'un chakra est faible, bloqué ou hyperactif.

Le chakra de l'étoile de la Terre

Emplacement : environ quinze centimètres sous les pieds

Couleurs : noir, marron foncé

Correspondances physiques : pieds

Groupe de chakras : chakras transcendants

Gouverne : ancre et aligne tous les chakras, union à Gaïa, sites sacrés, *ley lines*, le règne minéral, la Terre intérieure

Limpide et équilibré : connecté à la Terre, à Gaïa, aux cristaux et au sol, voir la Terre comme un être conscient, attiré vers les sites sacrés, peut percevoir les énergies de la Terre, comme les *ley lines*

Déséquilibré ou bloqué : aucune connexion à la Terre, à Gaïa, aux cristaux ou au sol, ne voit pas la Terre comme consciente en aucune manière, aucun intérêt pour les sites sacrés, ne croit pas aux énergies de la Terre et ne les perçoit pas

Le chakra racine

Autres noms : le premier chakra, le chakra de la base

Nom en sanscrit : *muladhara*

Emplacement : la base de la colonne vertébrale

Couleur : rouge

Glandes : surrénales

Correspondances physiques : bas du dos, colon, jambes, pieds

Groupes de chakras : chakras principaux, chakras inférieurs

Gouverne : ancrage, sécurité, argent, survie

Sur le plan spirituel : Kundalini, connexion à Gaïa, spiritualité basée sur la Terre, feng shui

Limpide et équilibré : relié à la Terre et à la nature, sentiment d'être ancré, finances saines, capable de manifester ce dont vous avez besoin, sentiment de sécurité, bonne santé et bonne forme physique, beaucoup d'énergie, à l'aise dans sa peau

Déséquilibré ou bloqué : déconnecté de la Terre et de la nature, non ancré, sentiment de dispersion, trop craintif, peur de la nature ou des catastrophes naturelles, problèmes d'argent fréquents, craintes pour le travail et la carrière, difficultés à concrétiser, mauvaise santé physique, faible énergie, insécurité, pas à l'aise dans sa peau, matérialiste

Le chakra sacré

Autre nom : le second chakra

Nom en sanscrit : *svadhisthana*

Emplacement : sous le nombril, quelques centimètres au-dessus du chakra racine

Couleur : orange

Glandes : ovaires ou testicules

Correspondances physiques : organes sexuels, reins, vessie, utérus

Groupes de chakras : chakras principaux, chakras inférieurs

Gouverne : créativité, sexualité, désirs physiques

Sur le plan spirituel : sexualité sacrée, équilibre entre le masculin et le féminin, cocréation

Limpide et équilibré : bonne circulation créatrice, activités créatrices, relations sexuelles saines, savoir qui on est, impression d'être séduisant

Déséquilibré ou bloqué : expression créatrice bloquée, manque de créativité, problèmes avec l'intimité, faible désir sexuel, relations sexuelles vides, addiction au sexe, trop préoccupé par son image

Le chakra du plexus solaire

Autre nom : le troisième chakra, le chakra du nombril

Nom en sanscrit : *manipura*

Emplacement : entre la cage thoracique et le nombril, ou derrière le nombril

Couleurs : jaune ou or

Glandes : pancréas

Correspondances physiques : système digestif, foie, pancréas

Groupes de chakras : chakras principaux, chakras inférieurs

Gouverne : pouvoir personnel, volonté, contrôle

Sur le plan spirituel : souveraineté divine, pouvoir spirituel

Limpide et équilibré : sentiment de puissance, confiance en soi, volonté puissante, croyance en soi, estime de soi, impression d'avoir le contrôle sur sa vie, bonnes qualités de meneur, croyance que la vie est ce qu'on en fait, aime libérer les autres

Déséquilibré ou bloqué : sentiment d'impuissance, peur du pouvoir personnel, manque de confiance en soi, faible estime de soi, ne croit pas en soi, faible volonté, croyance que la vie est ce qui nous arrive, peur de l'autorité, besoin de tout contrôler, vouloir le pouvoir sur les autres, centré sur soi

Le chakra cardiaque

Autres noms : le quatrième chakra, le centre du cœur

Nom en sanscrit : *anahata*

Emplacement : le milieu de la poitrine

Couleurs : vert ou rose

Glande : thymus

Correspondances physiques : cœur, poitrine, poumons, haut du dos, épaules, bras, mains

Groupes de chakras : chakras principaux, chakras supérieurs

Gouverne : amour, relations, compassion, émotions, sentiments

Sur le plan spirituel : clairsentience, amour divin, connexion avec la flamme jumelle

Limpide et équilibré : capable de relations aimantes, relations équilibrées, amour de soi, compatissant, empathique, amour inconditionnel, facilité à pardonner et à oublier, voir le bien chez les autres, à l'aise avec l'expression de ses émotions

Déséquilibré ou bloqué : relations sans amour, relations inharmonieuses, peur de l'amour, manque d'amour pour soi, manque de compassion, manque d'empathie, possessivité, obsession pour quelqu'un, codépendance, cœur brisé, incapable de pardonner, nourrit des rancunes, croyances haïssables, émotionnellement fermé, attaché à son chagrin

Le chakra de la gorge

Autre nom : le cinquième chakra

Nom en sanscrit : *vishuddha*

Emplacement : gorge, pomme d'Adam

Couleurs : bleu ou turquoise

Glandes : thyroïde, parathyroïdes

Correspondances physiques : cou, gorge, bouche, oreilles, mâchoire

Groupes de chakras : chakras principaux, chakras supérieurs

Gouverne : communication verbale, communication écrite

Sur le plan spirituel : channeling, enseignements spirituels, clairaudience, mantras, affirmations

Limpide et équilibré : communication claire, parler franchement, honnêteté, bonnes compétences d'enseignant ou d'orateur, prêt à demander de l'aide, bonne capacité d'écoute, écrit ou veut écrire

Déséquilibré ou bloqué : problèmes de communication, incapable de s'exprimer, timidité, peur de demander de l'aide, brusquerie, malhonnêteté, n'écoute pas, blocage de l'écrivain, peur d'enseigner ou d'écrire

Le chakra du troisième œil

Autres noms : le sixième chakra, le chakra du front

Nom en sanscrit : *ajña*

Emplacement : entre et au-dessus des sourcils

Couleur : indigo

Glandes : pinéale, pituitaire

Correspondances physiques : yeux, front

Groupes de chakras : chakras principaux, chakras supérieurs

Gouverne : vision, intuition, perception

Sur le plan spirituel : clairvoyance, capacités psychiques, visions prophétiques, rêves lucides

Limpide et équilibré : lucidité, communicateur visuel, artiste ou apprécie l'art, capable de bien visualiser, a des rêves intenses, capacités de clairvoyance, bonne intuition, peut voir sous la surface des choses

Déséquilibré ou bloqué : brouillard mental, bloqué dans son esprit, blocages artistiques, esprit fermé sur l'art, a du mal à visualiser, ne se souvient pas de ses rêves, peur des capacités de clairvoyance, peu d'intuition, incapable de contrôler ses capacités de clairvoyance

Le chakra coronal

Autre nom : le septième chakra

Nom en sanscrit : *sahasrara*

Emplacement : sommet de la tête

Couleurs : violet ou blanc

Glande : pinéale

Correspondances physiques : tête, cerveau

Groupes de chakras : chakras principaux, chakras supérieurs

Gouverne : connexion spirituelle, conscience, inspiration

Sur le plan spirituel : clairconnaissance, connexion divine, unité, guides et anges

Limpide et équilibré : spirituellement conscient et éveillé, se sent connecté à la Source et à l'Univers, reçoit des messages divins, guidance ou connaissance, régulièrement inspiré, croit que sa vie a un but supérieur, veut faire une différence dans le monde

Déséquilibré ou bloqué : pas spirituel, croit que la sagesse spirituelle ne vient que par une autre personne, croit aux dogmes religieux ou au fondamentalisme, peur de la spiritualité ou des expériences spirituelles, peur de la source ou de Dieu, ne croit pas en un but supérieur de sa vie, peur des êtres spirituels

◎ Le chakra de l'étoile de l'Âme

Autre nom : le huitième chakra

Emplacement : environ quinze centimètres au-dessus du sommet de la tête

Couleurs : transparent, arc-en-ciel, blanc ou magenta

Groupe de chakras : chakras transcendants

Gouverne : vies antérieures, but de la vie, annales akashiques, karma

Limpide et équilibré : conscient de ses vies antérieures, peut avoir des souvenirs de ses vies antérieures, croit avoir un but supérieur, capable d'accéder à ses annales akashiques personnelles ou au plan de sa vie

Déséquilibré ou bloqué : croit que nous ne vivons qu'une fois, ne croit pas avoir un but supérieur dans la vie, souvenirs des vies antérieures bloqués

Chapitre

3

Travailler avec des sets de cristaux pour chakras

Vous pouvez purifier et équilibrer vos chakras de nombreuses façons, par exemple avec le yoga, la guérison énergétique et la méditation. Les cristaux travaillent avec ces centres d'énergie en les accordant à la bonne vibration de couleur et à la bonne fréquence. Ils peuvent aussi nettoyer ou transmuter toutes les énergies négatives ou bloquées des chakras.

Un set de cristaux qui sert exclusivement à nettoyer ou à équilibrer les chakras s'appelle un set de cristaux pour chakras. Je vais vous montrer comment créer un bon set de cristaux pour chakras au moyen de cristaux faciles à se procurer.

Je vais aussi vous donner une sélection d'autres cristaux recommandés que vous pouvez utiliser si vous voulez créer votre propre set customisé. Enfin, j'inclus ma liste pratique de cristaux correspondant aux chakras, pour que vous puissiez faire votre choix parmi tous les cristaux dont vous disposez. Même si vous ne connaissez pas leur nom !

Associations entre cristaux et chakras

Tous les cristaux travaillent avec un ou plusieurs de nos chakras. Certains cristaux travaillent même avec tous les chakras ; j'y viendrai plus loin dans ce livre. Tous les cristaux ont leurs propres propriétés et leur fréquence spécifique, donc vous pouvez constater qu'un cristal fonctionne mieux pour vous qu'un autre.

Si vous êtes face à plusieurs options, un bon moyen de sélectionner des cristaux pour un chakra particulier est de voir lequel vous attire le plus. Certains cristaux vont vous attirer et d'autres non. Intuitivement, nous savons ce qui est le mieux pour nous, la plupart du temps.

Trouver un set de cristaux pour chakras

Vous pouvez vous procurer des sets de cristaux pour chakras tout faits, en général dans un petit sac ou une boîte, dans une boutique d'ésotérisme ou sur Internet. Le plus souvent, il s'agit de sept cristaux polis sous forme de pierres roulées, un pour chacun des sept chakras principaux.

Il existe des sets de cristaux pour chakras pour spécialistes, faits de disques de cristal gravés de sept symboles sanscrits. Quand vous cherchez à vous procurer un set de cristaux, choisissez de préférence un set qui ne contienne pas de trop gros cristaux, ni de pierres très rondes qui pourraient glisser de votre corps.

Astuce : cherchez des pierres roulées de taille moyenne ou petite avec un côté bien plat, ce qui les rendra plus stables.

Un bon set de cristaux pour chakras

Ce set de cristaux pour chakras est un bon point de départ si vous voulez sélectionner vos propres cristaux. La plupart des sets tout prêts seront très semblables à ce set de cristaux. J'ai aussi inclus des cristaux optionnels, mais recommandés, pour ceux qui veulent travailler avec leurs chakras de l'étoile de l'Âme et de l'étoile de la Terre. Ils augmenteront votre connexion spirituelle et contribueront à aligner tous vos chakras.

Si vous avez déjà un set de cristaux pour chakras, vous pouvez le faire passer à un niveau supérieur en y ajoutant deux autres cristaux pour les chakras transcendants. Si vous ne trouvez aucun des cristaux cités ci-dessous, vous pouvez facilement les remplacer par l'un de ceux qui sont listés pages 39 à 41.

Améthyste (violet) pour le chakra coronal

Lapis-lazuli (bleu foncé et or) pour le chakra du troisième œil

Calcédoine bleue (bleu clair) pour le chakra de la gorge

Aventurine verte (vert) pour le chakra cardiaque

Œil-de-tigre (or et noir) pour le chakra du plexus solaire

Cornaline (orange) pour le chakra sacré

Jaspe rouge (rouge) pour le chakra racine

Cristaux optionnels

Sélénite (blanc) pour le chakra de l'étoile de l'Âme

Tourmaline noire (noir) pour le chakra de l'étoile de la Terre

Créer votre propre set customisé de cristaux pour chakras

Choisir la combinaison exacte de cristaux qui vous convient peut être très amusant et vous donner le sentiment d'avoir un set de cristaux beaucoup plus personnalisé. Je vous donne ci-dessous une liste de cristaux recommandés en fonction du chakra qui leur correspond.

Choisissez un cristal pour chacun des sept chakras principaux afin de créer votre propre set de cristaux pour chakras. Je donnerai plus de détails sur certains de ces cristaux dans les chapitres suivants. Comme précédemment, j'ai inclus deux chakras transcendants pour ceux qui veulent travailler avec eux.

Notez bien que certains cristaux apparaissent plus d'une fois, car ils peuvent correspondre à différents chakras. Assurez-vous de choisir un ensemble de cristaux tous différents. Au chapitre suivant, nous verrons comment préparer votre set de cristaux pour chakras.

Pour le moment, il est temps de partir en quête de cristaux et de voir lesquels résonnent avec vous.

Cristaux du chakra de l'étoile de l'Âme

Sélénite, quartz diamant (Herkimer), cristal de roche avec arc-en-ciel, quartz tibétain, rubellite, saphir étoilé, quartz lémurien, sugilite

Cristaux du chakra coronal

Améthyste, améthyste chevron, cristal de roche, danburite, sugilite, jade violet, charoïte, lépidolite

Cristaux du chakra du troisième œil

Lapis-lazuli, sodalite, améthyste, saphir, tanzanite, covellite, azurite, iolite, iolite sur pierre de soleil, quartz diamant (Herkimer)

Cristaux du chakra de la gorge

Calcédoine bleue, turquoise, aigue-marine, aventurine bleue, topaze bleue, larimar, angélite, opale bleue

Cristaux du chakra cardiaque

Aventurine verte, amazonite, jade vert, émeraude, quartz rose, opale rose, tourmaline verte, chrysoprase, malachite, péridot, rhodochrosite

Cristaux du chakra du plexus solaire

Œil-de-tigre, citrine, jaspe jaune, calcite miel, opale jaune, héliodore

Cristaux du chakra sacré

Cornaline, calcite orange, quartz hématoïde, aventurine orange

Cristaux du chakra racine

Jaspe rouge, hématite, grenat, rubis, tourmaline rouge, obsidienne acajou, shiva lingam, bronzite

Cristaux du chakra de l'étoile de la Terre

Tourmaline noire, quartz fumé, quartz morion, jade noir, hématite, magnétite, obsidienne noire, pierre de chrysanthème

Liste pratique de cristaux pour les chakras

Trouver des cristaux spécifiques peut prendre du temps. Comme je l'ai dit plus haut, tous les cristaux correspondent à des chakras. Vous avez peut-être même des cristaux dont vous ignorez le nom, mais que vous voulez utiliser.

Le guide ci-dessous, facile à utiliser, vous montrera comment choisir des cristaux pour chaque chakra, en fonction de la vibration de leur couleur. C'est un guide général, mais il peut vous être utile.

Chakra de l'étoile de l'Âme – Cristaux blancs, arc-en-ciel et magenta

Chakra coronal – Cristaux violets, transparents et blanc

Chakra du troisième œil – Cristaux indigo et bleu foncé

Chakra de la gorge – Cristaux bleu clair et bleu-vert

Chakra cardiaque – Cristaux verts et roses

Chakra du plexus solaire – Cristaux jaunes et dorés

Chakra sacré – Cristaux orange

Chakra racine – Cristaux rouges, bruns, argentés et noirs

Chakra de l'étoile de la Terre – Cristaux noirs et argent

Chapitre

4

Préparer un set de cristaux pour chakras

Dans ce chapitre, je vais vous montrer un moyen facile de purifier vos cristaux, puis de les consacrer et de les programmer avant de vous en servir pour la première fois. Dans l'idéal, vous ne devez vous servir de votre set de cristaux pour chakras que pour équilibrer vos chakras. Vous pouvez créer un set de cristaux pour chakras spécialisé et programmé selon vos intentions de purification et d'équilibrage de tous vos chakras.

Purifier les cristaux

Que vous utilisiez des cristaux tout neufs, un set de cristaux pour chakras que vous venez d'acheter ou des cristaux que vous possédiez déjà, il est important de les purifier avant de s'en servir. Je veux dire par là qu'il faut les nettoyer de toutes les énergies qu'ils ont pu accumuler tandis qu'ils étaient dans le magasin, auprès de leur propriétaire précédent, au cours de leurs voyages ou du fait de leurs usages précédents.

Il y a beaucoup de façons de purifier vos cristaux de toute énergie négative ou indésirable. Si vous avez l'habitude de la lithothérapie, vous avez déjà vos propres façons de faire. N'hésitez pas à utiliser la méthode que vous préférez.

Si vous débutez dans cette pratique, je vais vous montrer une méthode simple que vous pouvez utiliser sans aucun matériel supplémentaire et sans attendre une pleine lune. Nous allons nous servir de l'énergie de la lumière blanche universelle. N'importe qui peut le faire ; il n'est besoin d'aucune qualification spéciale ni d'aucun diplôme !

Comment purifier vos cristaux par la lumière blanche universelle

1. Trouvez un endroit tranquille où vous ne serez pas dérangé. Asseyez-vous les jambes croisées si vous le pouvez.

2. Tenez vos cristaux en main ; une main par-dessus l'autre si possible ou les deux mains en coupe.

3. Fermez les yeux et visualisez un rayon de pure lumière blanche descendre sur votre chakra coronal et jusqu'à votre chakra cardiaque, puis passer dans vos bras et enfin dans vos mains.

4. Dans l'œil de votre esprit, voyez cette lumière blanche universelle emplir les cristaux et les environner.

5. Concentrez-vous sur la purification des cristaux, en disant, à voix haute ou dans votre tête : « Je nettoie, je purifie et je rééquilibre maintenant ces cristaux de toutes énergies négatives, déséquilibrées ou basées sur la peur. »

6. Quand vous sentez que votre but est atteint, ouvrez les yeux. Vous aurez peut-être besoin d'attendre un peu avant de vous relever.

Consacrer et programmer les cristaux

Consacrer de nouveaux cristaux est toujours une bonne idée. C'est une forme de programmation. La consécration n'est rien d'autre que la déclaration de votre intention que le cristal agisse pour votre plus grand bien.

La programmation est un moyen de diriger et d'utiliser l'énergie d'un cristal pour un but très spécifique. Vous avez composé votre set de cristaux pour chakras pour une raison spécifique. Je vais vous montrer comment consacrer et programmer vos cristaux dans le but de purifier et d'équilibrer les chakras.

Vous n'aurez besoin de le faire qu'une seule fois avant de vous servir pour la première fois de votre set de cristaux pour chakras. Si vous avez déjà un set de cristaux pour chakras, la procédure suivante devrait améliorer leur efficacité.

Comment consacrer et programmer votre set de cristaux pour chakras

1. Trouvez un endroit tranquille où vous ne serez pas dérangé. Asseyez-vous en tailleur si vous le pouvez.

2. Tenez votre set de cristaux pour chakras à deux mains devant vous, juste au-dessus du niveau de vos yeux.

3. Dites à voix haute ou en vous-même : « Je consacre ces cristaux à la Source créatrice originelle (ou Dieu, la Déesse, l'Univers, etc.). Puissent ces cristaux servir uniquement mon plus grand bien et le plus grand bien de tous. »

4. Ensuite, concentrez-vous clairement sur les cristaux tout en disant à voix haute ou en vous-même : « Je programme ces cristaux pour qu'ils purifient et rééquilibrent tous les chakras. »

Stocker votre set de cristaux pour chakras

Si vous avez créé votre propre set de cristaux pour chakras, je vous recommande de les ranger dans un sac ou une boîte réservé, pour protéger vos cristaux quand vous ne vous en servez pas. Vous pouvez vous servir d'une pochette souple pour les ranger dans une petite boîte. Faites ce qui vous semble convenir.

Chapitre

5

Purifier et équilibrer ses chakras au moyen de cristaux

Maintenant que votre set de cristaux pour chakras a été purifié, consacré et programmé, il est prêt à l'emploi. Je vais vous montrer pas à pas comment vous en servir pour nettoyer et équilibrer vos chakras. J'ai intégré une visualisation pour vous aider à vous ancrer afin que les énergies puissent circuler plus librement.

Comment utiliser votre set de cristaux pour chakras

Avant de commencer, assurez-vous que vous ne serez pas dérangé. Vous devez être dans un endroit privé et calme, où vous pourrez vous allonger confortablement. Vous pouvez utiliser votre lit. Ayez votre set de cristaux pour chakras à portée de main.

Vous pouvez trouver plus facile d'aligner tous les cristaux près de vous dans l'ordre dans lequel vous les placerez sur votre corps et autour de lui.

1. Allongez-vous sur le dos et installez-vous confortablement.

2. Asseyez-vous et mettez en position votre cristal du premier chakra ; soit environ quinze centimètres sous vos pieds, pour le chakra de l'étoile de la Terre, ou sur votre chakra racine. Vous pouvez aussi placer votre cristal du chakra racine en dessous de vous si cela vous est plus facile.

3. Maintenant, allongez-vous de nouveau et progressez de bas en haut, en mettant chaque cristal sur votre corps à l'emplacement du chakra correspondant.

4. Lorsque vous avez fini, fermez les yeux et prenez quelques inspirations profondes.

5. Visualisez-vous comme un grand arbre puissant dont les racines s'enfoncent profondément sous la terre.

6. Voyez vos racines atteindre le centre même de la Terre, où elles s'enroulent autour d'un gros cristal de fer.

7. Maintenant, détendez-vous simplement et laissez les cristaux faire leur travail. Vos chakras devraient être purifiés et rééquilibrés en dix minutes environ.

8. Ensuite, ouvrez les yeux et attendez quelques instants avant d'enlever les cristaux de votre corps et de vous relever.

Avec de l'entraînement, tout ceci deviendra pour vous un réflexe. Je vous conseille de pratiquer cet équilibrage des chakras une fois par semaine, si possible, pour en retirer le maximum. Avec une purification et un équilibrage réguliers, vous remarquerez peut-être que vos capacités psychiques vont se renforcer ou s'éveiller.

Vous pouvez le pratiquer aussi souvent que vous le voulez, ou que vous sentez que vous en avez besoin. C'est une bonne idée de purifier vos chakras quand vous vous sentez stressé ou quand vous traversez de grands changements dans votre vie. Ceci vous aide à vous sentir plus équilibré et moins attaché à des situations passées qui ne vous sont plus utiles.

Souvenez-vous de purifier votre set de cristaux pour chakras

À chaque fois que vous vous servez de cristaux pour la guérison ou que vous les placez sur vos chakras, ils absorbent des énergies. Ces énergies pourraient être déséquilibrées, négatives ou contenir une forte charge émotionnelle. À tout le moins, elles vont diminuer l'efficacité du cristal en l'encrassant.

Purifiez toujours votre set de cristaux pour chakras après chaque usage. Vous pouvez vous servir de la méthode que vous préférez ou les purifier par la lumière blanche universelle, comme indiqué plus tôt. Après avoir purifié vos cristaux, vous pouvez les ranger soigneusement dans leur sac ou dans leur boîte jusqu'à la prochaine fois que vous vous en servirez.

Chapitre

6

Activer ses chakras au moyen de cristaux

Je vais maintenant vous expliquer comment choisir des cristaux en fonction du chakra auquel ils sont associés. C'est un moyen très pratique pour choisir des cristaux pour la vie de tous les jours ou pour des problèmes sur lesquels vous travaillez à un moment donné. Vous pouvez vous servir de cristaux quand vous avez besoin de puiser dans votre pouvoir intérieur ou de provoquer un changement.

Disons que vous avez des problèmes récurrents dont vous voyez maintenant qu'ils sont liés à un certain chakra. Un nettoyage et un équilibrage réguliers de vos chakras peuvent vous aider, mais vous aurez peut-être besoin d'un peu plus d'aide et de soutien entre deux sessions d'équilibrage de vos chakras.

Comme je l'ai expliqué plus tôt, tous les cristaux correspondent à un ou plusieurs chakras. Tous les chakras gouvernent différents domaines de notre vie, de nos émotions ou de nos capacités. Quand vous vous serez familiarisés avec les chakras, vous commencerez à voir comment on peut les relier à toutes sortes de choses.

Choisir des cristaux en fonction des chakras

Comprendre vos chakras peut vraiment vous aider à donner un sens à la manière dont vous percevez et vivez votre vie. Quand vous saurez sur quel chakra travailler, vous pourrez facilement sélectionner les bons cristaux à utiliser.

Vous n'avez peut-être pas de chakra bloqué, mais vous sentez que vous pourriez bénéficier d'un petit coup de pouce dans un certain domaine de votre vie. Disons que vous êtes un peu timide et que vous avez le sentiment d'avoir besoin d'aide pour vous exprimer davantage en public.

En consultant les descriptions des chakras données plus haut dans ce livre, vous verrez que c'est une question en rapport avec le chakra de la gorge. Vous pourriez utiliser un cristal du chakra de la gorge, comme une calcédoine bleue, pour activer ce chakra et vous aider à vous exprimer davantage.

Vous manquez peut-être de la motivation nécessaire pour quitter cet emploi qui ne paie pas suffisamment et dans lequel vous vous sentez coincé. C'est un problème du chakra racine. Servez-vous d'un cristal du chakra racine comme le grenat pour vous motiver à agir.

Pensez à un seul domaine de votre vie où vous aimeriez avoir un peu d'aide. Tout ce que vous avez à faire, c'est trouver quel chakra gouverne ce domaine de votre vie. Lisez les descriptions détaillées des chakras dans le chapitre sur le système des chakras. Vous pouvez consulter la section sur les blocages pour identifier les domaines sur lesquels vous devez travailler. Puis, choisissez parmi les cristaux que je recommande pour ce chakra.

Pour rendre les choses encore plus faciles, je vous donne ci-dessous un bref aperçu des associations générales de chacun des chakras. Nous verrons aussi les cristaux qui activent les groupes de chakras supérieurs, inférieurs et transcendants.

Brève liste des associations des chakras

Voici une brève liste des mots-clés des associations générales de chaque chakra, pour vous aider à démarrer ou pour que vous puissiez davantage vous familiariser avec eux. Pour des détails supplémentaires, voyez la description complète des chakras.

Chakra de l'étoile de l'Âme – Vies antérieures, but de la vie, annales akashiques, karma

Chakra coronal – Connexion spirituelle, conscience, inspiration

Chakra du troisième œil – Vision, intuition, clairvoyance, perception

Chakra de la gorge – Communication verbale, communication écrite

Chakra cardiaque – Amour, relations, compassion, émotions

Chakra du plexus solaire – Pouvoir personnel, volonté, assurance, contrôle

Chakra sacré – Créativité, sexualité, désirs physiques

Chakra racine – Ancrage, sécurité, survie, argent

Chakra de l'étoile de la Terre – La Terre, Gaïa, sites sacrés, *ley lines*

Cristaux qui activent les chakras inférieurs

Les cristaux suivants peuvent servir à activer le groupe des chakras inférieurs. C'est une chose utile quand il y a des problèmes liés à l'ancrage, aux finances, à l'énergie et à la motivation. Ou quand toutes ces qualités sont nécessaires.

Cornaline

Quartz fumé

Pierre de soleil

Cristaux qui activent les chakras supérieurs

Les cristaux suivants peuvent servir à activer le groupe des chakras supérieurs. C'est une chose utile quand il y a des problèmes liés à la communication, à l'intuition et à la spiritualité. Ou quand toutes ces qualités sont nécessaires.

Améthyste

Fluorite violette

Cristal de roche

Sidérite

Cristaux qui activent les chakras transcendants

Les cristaux suivants peuvent servir à activer le groupe des chakras transcendants. C'est une chose utile quand on a besoin d'une conscience spirituelle plus haute, de travailler avec les guides et les anges, ou de comprendre son but dans la vie.

Quartz lémurien

Danburite

Quartz à âme

Différents moyens de se servir des cristaux

Lorsque vous avez trouvé quel cristal est en rapport avec votre besoin, vous êtes prêt à vous en servir. Vous pouvez porter le cristal sur vous en le mettant dans un petit sachet ou une petite bourse que vous glisserez dans votre poche. En le gardant sur vous, vous l'avez dans votre aura ou champ énergétique.

L'autre façon de se servir de votre cristal est de porter des bijoux faits de cette pierre. Il peut s'agir de n'importe quel bijou : pendentif, bracelet ou bague. Les bijoux comportant des cristaux fonctionnent aussi comme rappel et déclencheur visuel pour votre subconscient.

Bijoux et chakras

On a depuis longtemps établi des liens entre les gemmes, les différentes parties du corps et les chakras. Il n'est pas essentiel que vos bijoux soient placés au-dessus du chakra qui leur est associé, mais c'est une option que vous pouvez souhaiter étudier.

Les chakras les plus aisément accessibles pour les colliers comprennent le chakra de la gorge, pour les colliers courts et les ras-de-cou ; le chakra cardiaque, pour les colliers de longueur moyenne ; et le chakra du plexus solaire, pour les colliers très longs et les pendentifs suspendus très bas.

Les boucles d'oreille peuvent activer le chakra de la gorge. Tout ce qui est placé au-dessus du front travaillera avec le troisième œil. Heureusement, vous n'avez pas besoin de porter une couronne d'or ornée de diamants pour ouvrir votre chakra coronal. Vous pouvez utiliser un chapeau ou un autre couvre-chef pour dissimuler un cristal, si vous êtes malin. Souvenez-vous que les cristaux n'ont pas besoin d'être vus pour fonctionner ; c'est une technologie spirituelle.

Les mains peuvent aussi relier au chakra cardiaque des bracelets ou des bagues. Les broches et les pin's peuvent aussi agir sur le cœur. Un bracelet de cheville peut être lié au chakra racine et au chakra de l'étoile de la Terre.

Vous pouvez aussi vous servir de bracelets et de bagues en suivant la théorie que notre main non dominante est réceptive. Pour gagner des qualités, vous pouvez porter un bracelet sur cette main.

Pour libérer des choses dont vous n'avez plus besoin dans votre vie, vous pouvez utiliser votre main dominante. On se sert aussi de cette main pour manifester quelque chose et pour aider ou guérir quelqu'un en lui envoyant de l'énergie.

Chapitre

7

Astuces pour chakras : cristaux qui purifient tous les chakras

Le règne minéral est une bibliothèque de lumière de guérison que nous pouvons tous utiliser. Certains cristaux ne fonctionnent qu'avec un seul chakra, mais beaucoup fonctionnent avec plusieurs chakras et quelques-uns fonctionnent avec tous.

Les cristaux indiqués dans les chapitres suivants font partie de mes astuces pour chakras parce qu'ils sont multitâches et constituent des raccourcis énergétiques. Vous pouvez vous en servir au lieu d'un set traditionnel de cristaux pour chakras, ou en même temps que lui.

Porter ces puissants cristaux peut contribuer à garder vos chakras limpides, équilibrés ou alignés. Il y en a de toutes sortes, depuis les cristaux facilement disponibles que tout le monde devrait avoir dans sa collection, comme le quartz, jusqu'à ces pierres plus rares et plus inhabituelles que vous devrez découvrir.

Tout d'abord, nous allons voir les cristaux qui purifient tous les chakras. Ensuite, nous étudierons les différentes méthodes et techniques dont vous pouvez vous servir pour maîtriser les énergies de ces cristaux pour nettoyer les énergies négatives ou bloquées de vos chakras.

Cristal de roche

Formes utilisables : pierre roulée, pointe de cristal, baguette de cristal

Description : le quartz est le cristal le plus abondant sur la planète. Sa couleur va de blanc à transparent, mais les variétés transparentes ont les propriétés les plus purificatrices.

Propriétés purificatrices : le cristal de roche purifie les chakras par la lumière blanche. Il ancre et transmet des énergies à la vibration élevée de manière très directe et spécifique. Ce cristal absorbe aussi les énergies négatives, les isolant pour les empêcher de nuire.

Verre lybique

Forme utilisable : cristal non poli

Description : aussi appelé verre de désert lybien ou tectite dorée de Libye. Ces pierres ont été créées par un ancien impact de météore dans les sables du désert du Sahara. C'est un cristal doré brumeux, à la surface mate. Il a un extérieur parsemé de cratères ou de ridules.

Propriétés purificatrices : crée un influx de lumière dorée détoxifiante, qui purifie tous les chakras. Très efficace sur des chakras très engorgés ou des blocages énergétiques récalcitrants.

Quartz morion

Forme utilisable : pointe de cristal

Description : aussi appelé quartz tibétain et quartz tibétain à taches noires. Ces cristaux poussent surtout sous la forme de pointes de cristal biterminées dans les montagnes de l'Himalaya. Ils ont une couleur fumée et ont souvent des inclusions de carbone ou des fantômes à l'intérieur.

Propriétés purificatrices : le quartz morion absorbe les énergies négatives des chakras et de l'aura comme une éponge. Ces cristaux transmutent ces énergies, mais ont tout de même besoin d'être purifiés, car ils peuvent parfois être surchargés.

Sélénite

Formes utilisables : pierre roulée, cristal non poli, baguette de cristal

Description : c'est un cristal blanc délicat qui a reçu le nom de la déesse grecque de la Lune, Séléné. Sa structure cristalline accroche la lumière et le fait luire comme la Lune.

Propriétés purificatrices : comme on peut s'y attendre, ce cristal accède aux pouvoirs purificateurs de la Lune. La sélénite envoie une douche de lumière céleste purificatrice dans tous les chakras. Elle lave aisément les énergies négatives ou bloquées.

Serpentine

Formes utilisables : pierre roulée, baguette de cristal

Description : il y a de nombreuses variétés de serpentine, mais elle est le plus souvent de couleur verte à jaune-vert. Cette pierre peut être opaque ou translucide. Certaines variétés ont un motif en peau de serpent, d'où son nom.

Propriétés purificatrices : la spécialité de la serpentine est de nettoyer tous les chakras et les canaux lumineux qui les relient. Sa lumière verte en spirales détoxifie les énergies denses et nocives, et font de la place pour qu'une nouvelle lumière y entre.

Moldavite

Forme utilisable : cristal non poli

Description : ces formes rares de tectites ont été créées par l'impact d'une météorite massive il y a des millions d'années dans ce qui est maintenant la République Tchèque. Ces pierres vitreuses sont d'une couleur terreuse vert sombre et ont une surface inégale, comme froissée.

Propriétés purificatrices : ce cristal n'est pas pour les âmes sensibles. La moldavite est l'un des cristaux de purification les plus puissants de notre planète. Il dégage rapidement tout le système des chakras par son feu vert émeraude. C'est un autre purifiant et détoxifiant des énergies négatives ou bloquées.

Purifier vos chakras au moyen d'un seul cristal

Le moyen le plus efficace de se servir de ces puissants cristaux de purification est de les mettre directement sur les chakras ou de les utiliser en méditation. La plupart de ces cristaux sont disponibles comme pierres roulées ou comme cristaux polis, mais vous souhaiterez peut-être aussi explorer quelques autres options.

Nous commencerons par voir une méthode qui vous sera plus familière, qui se sert d'une pierre roulée ou d'un cristal poli. Si vous ne souhaitez pas inclure les chakras de l'étoile de l'Âme ou de l'étoile de la Terre dans l'une ou l'autre de ces méthodes, vous pourrez juste passer directement au chakra suivant.

Comment purifier vos chakras avec une unique pierre roulée (en position allongée)

Comme quand vous choisissez des cristaux pour un set de cristaux pour chakras, assurez-vous que votre cristal ait au moins un côté plat afin de pouvoir être posé sur le corps sans glisser. Si le cristal que vous voulez n'existe pas en pierre roulée, servez-vous d'un cristal poli ou non poli.

1. Trouvez un endroit tranquille et confortable où vous pouvez vous allonger.

2. Mettez le cristal à environ quinze centimètres sous vos pieds, à l'emplacement du chakra de l'étoile de la Terre.

3. Allongez-vous sur le dos et mettez-vous dans une position confortable. Prenez quelques inspirations profondes.

4. Fermez les yeux et visualisez-vous comme un grand arbre puissant dont les racines s'enfoncent profondément sous la terre.

5. Voyez vos racines atteindre le centre même de la Terre, où elles s'enroulent autour d'un gros cristal de fer.

6. Asseyez-vous et déplacez le cristal à l'emplacement du chakra racine. Allongez-vous de nouveau et détendez-vous pendant une minute environ, ou plus longtemps si vous préférez.

7. Déplacez ensuite le cristal jusqu'au chakra sacré. Continuez de déplacer le cristal de chakra en chakra, en le laissant environ une minute sur chacun d'eux.

8. Enfin, mettez le cristal à environ quinze centimètres au-dessus du sommet de votre tête pour le chakra de l'étoile de l'Âme.

9. Ouvrez les yeux et attendez quelques instants avant de vous relever.

Comment purifier vos chakras avec une unique pierre roulée (en position assise)

Cette méthode est similaire à la précédente, mais vous devrez vous servir de vos bras. Avec de l'entraînement, elle deviendra plus facile, comme une posture de yoga.

1. Asseyez-vous en tailleur ou sur une chaise, et prenez quelques inspirations profondes.

2. Mettez votre cristal sur le sol, soit entre vos jambes, soit sous la chaise. Ceci est pour le chakra de l'étoile de la Terre.

3. Visualisez-vous comme un grand arbre puissant dont les racines s'enfoncent profondément sous la terre.

4. Voyez vos racines atteindre le centre même de la Terre, où elles s'enroulent autour d'un gros cristal de fer.

5. Ensuite, tenez à deux mains le cristal à l'emplacement du chakra racine. Fermez les yeux et tenez-le là pendant une minute environ ou plus longtemps si vous le désirez.

6. Continuez de déplacer le cristal de chakra en chakra. Consacrez environ une minute à chacun d'eux.

7. Pour le chakra de l'étoile de l'Âme, vous devrez le tenir à deux mains à environ quinze centimètres au-dessus de votre tête. Vos bras devraient former un cercle.

8. Une fois que vous avez terminé, reposez le cristal délicatement. Levez les bras et secouez-les.

9. Ouvrez les yeux et attendez quelques instants avant de vous relever.

Travailler avec les pointes et les baguettes de cristal

On peut trouver certains cristaux sous leur forme cristalline naturelle, comme des pointes de cristal. En général, ce sont des baguettes à six faces, avec une pointe à une extrémité ou aux deux. Les baguettes de cristal sont en général des cristaux qui ont été taillés et polis pour donner des facettes similaires à celles d'une pointe de cristal naturelle. Certaines baguettes sont lisses et n'ont pas de facettes. On les nomme bâtons de massage en cristal.

Les pierres roulées émettent des énergies dans toutes les directions, mais les pointes de cristal ou les baguettes de cristal taillées dirigent et concentrent l'énergie par leur pointe. Ceci les rend très populaires auprès des lithothérapeutes, car leurs énergies peuvent être dirigées vers les chakras sans qu'on ait besoin de les poser dessus, par exemple.

Comment purifier vos chakras avec une pointe ou une baguette de cristal

Travailler sur vous-même avec une pointe ou une baguette de cristal est plus complexe que de vous servir d'un set de cristaux pour chakras. Vous pouvez, bien sûr, demandez à un ami de se servir du cristal sur vos chakras.

1. Asseyez-vous en tailleur ou sur une chaise tout en tenant le cristal dans votre main dominante.

2. Fermez les yeux et prenez quelques inspirations profondes.

3. Visualisez-vous comme un grand arbre puissant dont les racines s'enfoncent profondément sous la terre.

4. Voyez vos racines atteindre le centre même de la Terre, où elles s'enroulent autour d'un gros cristal de fer.

5. Ouvrez les yeux, abaissez la main et pointez le cristal vers le sol, vers l'emplacement du chakra de l'étoile de la Terre, quelque part sous vos pieds.

6. En décrivant un petit mouvement circulaire dans le sens horaire, dirigez votre cristal vers ce chakra pendant une minute environ ou plus longtemps si vous le désirez.

7. Passez ensuite au chakra racine. Vous pouvez pointer le cristal vers cette zone et vous servir à nouveau de mouvements circulaires pendant une minute environ.

8. Remontez en passant par tous les chakras principaux, en les nettoyant un par un. Pour le chakra coronal, vous pouvez pointer le cristal vers le bas, en direction du sommet de votre tête.

9. Pour le chakra de l'étoile de l'Âme, pointez le cristal vers le haut, juste au-dessus du sommet de votre tête, en le dirigeant selon un mouvement circulaire comme précédemment. Attendez quelques instants avant de vous relever.

Comment purifier vos chakras avec un unique cristal en méditation

Les méditations et les visualisations sont des moyens de plus en plus populaires pour purifier et équilibrer les chakras. Vous pouvez vous servir de n'importe quelle forme de cristal purificateur de chakra. Avec une pointe ou une baguette naturelle de cristal, tenez le cristal pointant verticalement dans vos mains.

1. Asseyez-vous en tailleur ou sur une chaise et fermez les yeux.

2. Tenez le cristal dans vos mains sur vos genoux et prenez quelques inspirations profondes.

3. Visualisez-vous comme un grand arbre puissant dont les racines s'enfoncent profondément sous la terre.

4. Voyez vos racines atteindre le centre même de la Terre, où elles s'enroulent autour d'un gros cristal de fer.

5. Concentrez-vous sur le cristal que vous tenez et visualisez-le commencer à luire.

6. Visualisez un rayon laser d'un blanc brillant descendre sur votre chakra de l'étoile de l'Âme. Pendant une minute environ, voyez ce chakra briller comme une étoile blanche.

7. Voyez maintenant ce rayon de lumière descendre dans votre chakra coronal, qui rayonne aussi comme une étoile brillante. Répétez ce processus en descendant par tous les chakras. Consacrez une minute environ à chacun d'eux.

8. Ouvrez les yeux et attendez quelques instants avant de vous relever.

Chapitre

8

Astuces pour chakras : cristaux qui équilibrent tous les chakras

Purifier nos chakras nous aide à les rééquilibrer, mais parfois, il n'y a dans le chakra ni blocage, ni énergie négative. Il se peut qu'un chakra soit juste faible, paresseux, ou parfois même, dans certains cas, hyperactif.

Les cristaux et les méthodes de guérison par cristaux ci-dessous, soigneusement choisis, vous aideront à rééquilibrer tous vos chakras.

Turquoise

Formes utilisables : pierre roulée, cristal non poli

Description : la couleur de cette pierre va de bleu ciel à bleu-vert. Elle peut avoir des veines plus sombres ou être tachetée de brun ou de blanc. La vraie turquoise est très recherchée et on l'extrait de la terre depuis des milliers d'années.

Propriétés d'équilibrage : c'est un cristal de guérison très doux qui équilibre votre énergie à de nombreux niveaux. La turquoise ralentit les chakras hyperactifs et ramène les chakras paresseux à un équilibre sain.

Fluorite

Formes utilisables : pierre roulée, cristal non poli, baguette de cristal

Description : ce cristal magique se présente dans une grande variété de couleurs claires. Il a souvent des bandes ou un mélange de couleurs. La fluorite peut être transparente, violette, bleue, verte, jaune et blanche. Pour équilibrer les chakras, cherchez un mélange d'au moins deux couleurs. La fluorite de plusieurs couleurs est parfois appelée fluorite arc-en-ciel.

Propriétés d'équilibrage : quand on met de la fluorite sur les chakras, elle travaille rapidement à ramener les énergies en équilibre et en harmonie les unes avec les autres. La fluorite équilibre aussi toutes les couches de l'aura.

Ammolite

Formes utilisables : cristal poli, cristal non poli

Description : aussi appelée ammonite opalisée, c'est une ammonite fossile qui a des couleurs luisantes produites par des milliers d'années de minéralisation. L'ammolite était autrefois une ancienne créature marine, mais c'est maintenant une pierre fine.

Propriétés d'équilibrage : l'ammolite vous branche sur le courant de la force de vie universelle qui harmonise et équilibre votre aura. Elle accorde spirituellement chaque chakra à sa fréquence et à sa vibration colorée optimales.

Cristal de roche avec arc-en-ciel

Formes utilisables : pierre roulée, pointe de cristal, baguette de cristal

Description : cette caractéristique est due à un défaut naturel à l'intérieur d'un cristal de roche, qui produit un effet d'arc-en-ciel. Il n'est observable que quand ce défaut accroche la lumière sous le bon angle ; donc, cherchez toujours des arcs-en-ciel dans vos cristaux !

Propriétés d'équilibrage : ce type de cristal de roche est spécialisé dans l'équilibrage des chakras et de toutes les couches de l'aura. Ces cristaux travaillent à de nombreux niveaux et ramènent très rapidement vos énergies à un équilibre sain.

Spectrolite (labradorite)

Formes utilisables : pierre roulée, pierre polie

Description : la spectrolite authentique est une variété unique de labradorite qu'on ne trouve qu'en Finlande. Elle est noire avec des couleurs intenses et métalliques, qui bougent et brillent quand elle accroche la lumière.

Propriétés d'équilibrage : la spectrolite mystique envoie des rayons de lumière multicolore dans les profondeurs des chakras. Elle accorde le chakra à une vibration équilibrée mais supérieure. Cette pierre aligne les chakras avec la Terre et tout l'Univers.

Utiliser un unique cristal pour équilibrer tous les chakras

Porter l'un de ces cristaux harmonieux vous aidera à garder vos chakras en équilibre. La méthode la plus efficace pour se servir de ces cristaux est de les mettre directement sur les chakras ou de s'en servir en méditation.

Les méthodes qui suivent sont similaires à celles du chapitre précédent. Comme toujours, si vous ne voulez pas inclure les chakras de l'étoile de l'Âme ou de l'étoile de la Terre dans l'une ou l'autre de ces méthodes, vous pouvez juste passer au chakra suivant.

Comment équilibrer vos chakras avec une unique pierre roulée (en position allongée)

Comme quand vous choisissez des cristaux pour un set de cristaux pour chakras, assurez-vous que votre cristal ait au moins un côté plat afin de pouvoir être posé sur le corps sans glisser. Si le cristal que vous voulez n'existe pas en pierre roulée, servez-vous d'un cristal poli ou non poli.

1. Trouvez un endroit tranquille et confortable où vous pouvez vous allonger.

2. Placez le cristal à environ quinze centimètres sous vos pieds, à l'emplacement du chakra de l'étoile de la Terre.

3. Allongez-vous sur le dos et mettez-vous dans une position confortable. Prenez quelques inspirations profondes.

4. Fermez les yeux et visualisez-vous comme un grand arbre puissant dont les racines s'enfoncent profondément sous la terre.

5. Voyez vos racines atteindre le centre même de la Terre, où elles s'enroulent autour d'un gros cristal de fer.

6. Asseyez-vous et déplacez le cristal pour le mettre à l'emplacement du chakra racine. Allongez-vous de nouveau et détendez-vous pendant une minute environ ou plus longtemps si vous préférez.

7. Déplacez ensuite le cristal jusqu'au chakra sacré. Continuez de déplacer le cristal de chakra en chakra, en le laissant environ une minute sur chacun d'eux.

8. Enfin, mettez le cristal à environ quinze centimètres au-dessus du sommet de votre tête pour le chakra de l'étoile de l'Âme.

9. Ouvrez les yeux et attendez quelques instants avant de vous relever.

Comment équilibrer vos chakras avec une unique pierre roulée (en position assise)

Cette méthode est similaire à la précédente, mais vous devrez vous servir de vos bras. Avec de l'entraînement, elle deviendra plus facile, comme une posture de yoga.

1. Asseyez-vous en tailleur ou sur une chaise et prenez quelques inspirations profondes.

2. Mettez votre cristal sur le sol, soit entre vos jambes, soit sous la chaise. Ceci est pour le chakra de l'étoile de la Terre.

3. Visualisez-vous comme un grand arbre puissant dont les racines s'enfoncent profondément sous la terre.

4. Voyez vos racines atteindre le centre même de la Terre, où elles s'enroulent autour d'un gros cristal de fer.

5. Ensuite, tenez à deux mains le cristal à l'emplacement du chakra racine. Fermez les yeux et tenez-le là pendant une minute environ ou plus longtemps si vous le désirez.

6. Continuez de déplacer le cristal pour passer par tous les chakras principaux. Consacrez environ une minute à chacun d'eux.

7. Pour le chakra de l'étoile de l'Âme vous devez le tenir à deux mains à environ quinze centimètres au-dessus de votre tête. Vos bras doivent former un cercle.

8. Quand vous avez terminé, reposez le cristal délicatement. Levez les bras et secouez-les.

9. Ouvrez les yeux et attendez quelques instants avant de vous relever.

Comment équilibrer vos chakras avec une pointe ou une baguette de cristal

Travailler sur vous-même avec une pointe ou une baguette de cristal est plus complexe que de vous servir d'un set de cristaux pour chakras. Vous pouvez, bien sûr, demander à un ami de se servir du cristal sur vos chakras.

1. Asseyez-vous en tailleur ou sur une chaise tout en tenant le cristal dans votre main dominante.

2. Fermez les yeux et prenez quelques inspirations profondes.

3. Visualisez-vous comme un grand arbre puissant dont les racines s'enfoncent profondément sous la terre.

4. Voyez vos racines atteindre le centre même de la Terre, où elles s'enroulent autour d'un gros cristal de fer.

5. Ouvrez les yeux, abaissez la main et pointez le cristal vers le sol, vers l'emplacement du chakra de l'étoile de la Terre, quelque part sous vos pieds.

6. En décrivant un petit mouvement circulaire dans le sens horaire, dirigez votre cristal vers ce chakra pendant une minute environ ou plus longtemps si vous le désirez.

7. Passez ensuite au chakra racine. Vous pouvez pointer le cristal vers cette zone et vous servir à nouveau de mouvements circulaires pendant une minute environ.

8. Remontez en passant par tous les chakras principaux, les équilibrant un par un. Pour le chakra coronal, vous pouvez pointer le cristal vers le bas, en direction du sommet de votre tête.

9. Pour le chakra de l'étoile de l'Âme, pointez le cristal vers le haut, juste au-dessus du sommet de votre tête, en le dirigeant selon un mouvement circulaire comme précédemment. Attendez quelques instants avant de vous relever.

Comment équilibrer vos chakras avec un unique cristal en méditation

Vous pouvez vous servir de n'importe quel type de cristal qui équilibre les chakras. Avec une pointe ou une baguette de cristal naturelle, tenez le cristal pointant verticalement dans vos mains.

1. Asseyez-vous en tailleur ou sur une chaise et fermez les yeux.

2. Tenez le cristal entre vos mains sur vos genoux et prenez quelques inspirations profondes.

3. Visualisez-vous comme un grand arbre puissant dont les racines s'enfoncent profondément sous la terre.

4. Voyez vos racines atteindre le centre même de la Terre, où elles s'enroulent autour d'un gros cristal de fer.

5. Concentrez-vous sur le cristal que vous tenez et visualisez-le commencer à luire.

6. Visualisez une boule de douce lumière blanche descendre sur votre chakra de l'étoile de l'Âme. Pendant une minute environ, voyez cette boule de lumière entourer ce chakra.

7. Voyez maintenant cette boule de lumière descendre dans votre chakra coronal. Répétez ce processus en descendant par tous les chakras. Consacrez une minute environ à chacun d'eux.

8. Enfin, visualisez la boule de lumière descendre dans le centre de la Terre.

9. Ouvrez les yeux et attendez quelques instants avant de vous relever.

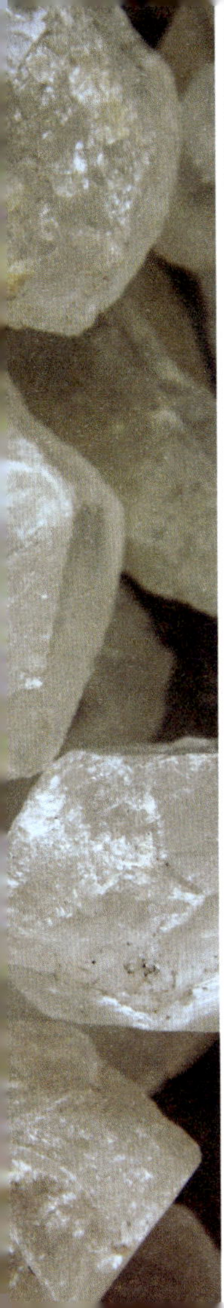

Chapitre

9

Astuces pour chakras : cristaux qui alignent tous les chakras

Quand vos chakras seront alignés, ils seront en phase les uns avec les autres. Votre système de chakras sera pleinement connecté au centre de la Terre, de l'Univers et de votre soi supérieur. Ceci permet au courant d'énergie divine et de sagesse d'entrer en vous.

Aligner vos chakras peut vous aider à vous sentir davantage connecté, présent et mieux capable de gérer ce qui vous arrive. Vous souhaiterez peut-être le faire après avoir nettoyé et équilibré vos chakras.

La sélection de cristaux et de méthodes de lithothérapie ci-dessous va aligner et connecter tous vos chakras.

Pierres Boji

Formes utilisables : cristaux non polis

Description : les pierres Boji authentiques sont vendues avec un certificat de couleur jaune. Ce sont de petites pierres en forme de disque, terreuses, rugueuses et lourdes. Normalement, elles sont vendues en paires équilibrées, une pierre masculine et une pierre féminine. Les pierres Boji ont aussi une polarité magnétique inhabituelle.

Propriétés d'alignement : par leur signature énergétique polarisée, les pierres Boji attirent votre énergie vers votre centre et l'y ancrent comme une barre de fer magnétique.

Quartz à âme

Forme utilisable : cristal non poli

Description : ce sont des cristaux plats biterminés de cristal de roche. À l'intérieur de ces cristaux, il y a un unique ruban blanc horizontal qui passe par leur centre.

Propriétés d'alignement : apaisant, le quartz à âme ramène tous les chakras en alignement. Il connecte le système des chakras au cœur de la Terre et au centre de la galaxie.

Tourmaline noire

Formes utilisables : pointe de cristal, pierre roulée

Description : la tourmaline pousse en longues pointes de cristal, en général à trois côtés. Si on ne les polit pas, elles auront des creux ou des stries sur leurs faces. La tourmaline noire est d'un noir de jais et opaque.

Propriétés d'alignement : la tourmaline noire permet la libre circulation de l'énergie le long de l'axe des chakras. Cette pierre ancre fermement votre aura et votre corps énergétique dans le champ énergétique naturel de la Terre.

Spectrolite (labradorite)

Formes utilisables : pierre roulée, pierre polie

Description : la spectrolite authentique est une variété unique de labradorite qu'on ne trouve qu'en Finlande. Elle est noire avec des couleurs intenses et métalliques, qui bougent et brillent quand elle accroche la lumière.

Propriétés d'alignement : la spectrolite ancre la lumière émanant des chakras et la réaligne avec votre centre spirituel, avec la Terre et avec la galaxie. La spectrolite équilibre aussi les chakras.

Pierre de chrysanthème

Formes utilisables : pierre roulée, pierre polie

Description : ces pierres noires présentent des motifs blancs en forme de fleur. Ils ressemblent à des fossiles de fleur, mais en fait, ce motif en étoile est produit par des formations de cristal dans la pierre.

Propriétés d'alignement : la pierre de chrysanthème est une grande pierre d'ancrage. Elle attire votre énergie vers le cœur de la Terre, alignant vos chakras avec votre corps et votre squelette.

Utiliser des cristaux pour aligner tous les chakras

Porter l'un de ces cristaux vous aidera à garder vos chakras alignés. La méthode la plus efficace pour se servir de ces cristaux est de les mettre directement sur les chakras ou de s'en servir en méditation.

Remarquez bien que vous pouvez vous servir d'un cristal unique ou d'une paire de cristaux identiques pour aligner vos chakras. Les pierres Boji, par exemple, vont par paires, mais vous pouvez aussi vous servir d'une paire de pierres de chrysanthème si vous le souhaitez. Quand vous travaillez avec des paires de cristaux, suivez les instructions ci-dessous, mais tenez un cristal dans chaque main.

Travailler avec des sets de cristaux pour chakras

Vous pouvez aussi vous servir de n'importe lequel des cristaux d'alignement des chakras de ce chapitre pour l'emplacement du chakra de l'étoile de la Terre dans un set de cristaux pour chakras. Quand vous pratiquez l'équilibrage et le nettoyage des chakras avec un set de cristaux pour chakras (comme expliqué au chapitre 5), vous alignez aussi tous vos chakras en même temps.

L'autre façon de faire est de tenir une paire de cristaux d'alignement des chakras tout en procédant à l'équilibrage et au nettoyage des chakras avec un set de cristaux pour chakras. Ces méthodes sont parfaites quand vous ne savez pas ce dont vous avez le plus besoin ou que vous voulez purifier, équilibrer et aligner tous vos chakras en une seule session.

Comment aligner vos chakras avec des cristaux (en position allongée)

Comme quand vous choisissez des cristaux pour un set de cristaux pour chakras, assurez-vous que votre cristal ait au moins un côté plat afin de pouvoir être posé sur le corps sans glisser. Si le cristal que vous voulez n'existe pas en pierre roulée, servez-vous d'un cristal poli ou non poli.

1. Trouvez un endroit tranquille et confortable où vous pouvez vous allonger.

2. Mettez le cristal ou les cristaux à environ quinze centimètres sous vos pieds, à l'emplacement du chakra de l'étoile de la Terre.

3. Allongez-vous sur le dos et mettez-vous dans une position confortable. Prenez quelques inspirations profondes.

4. Fermez les yeux et visualisez-vous comme un grand arbre puissant dont les racines s'enfoncent profondément sous la terre.

5. Voyez vos racines atteindre le centre même de la Terre, où elles s'enroulent autour d'un gros cristal de fer.

6. Asseyez-vous et déplacez le cristal à l'emplacement du chakra racine. Allongez-vous à nouveau pendant quelques secondes.

7. Faites maintenant lentement passer le cristal au chakra sacré. Continuez de remonter le long des chakras, en ne vous arrêtant que quelques secondes à chaque fois.

8. Enfin, placez le cristal à environ quinze centimètres au-dessus du sommet de votre tête pour le chakra de l'étoile de l'Âme.

9. Ouvrez les yeux et attendez quelques instants avant de vous relever.

Comment aligner vos chakras avec des cristaux (en position assise)

Cette méthode est similaire à la précédente, mais vous devrez vous servir un peu de vos bras.

1. Asseyez-vous en tailleur ou sur une chaise et prenez quelques inspirations profondes.

2. Mettez votre cristal sur le sol, soit entre vos jambes, soit sous la chaise. Ceci est pour le chakra de l'étoile de la Terre.

3. Visualisez-vous comme un grand arbre puissant dont les racines s'enfoncent profondément sous la terre.

4. Voyez vos racines atteindre le centre même de la Terre, où elles s'enroulent autour d'un gros cristal de fer.

5. Ensuite, tenez à deux mains le cristal à l'emplacement du chakra racine. Faites une pause pendant quelques secondes.

6. Continuez de déplacer le cristal pour passer par tous les chakras principaux. Consacrez environ une minute à chacun d'eux.

7. Pour le chakra de l'étoile de l'Âme, vous devez le tenir à deux mains à environ quinze centimètres au-dessus de votre tête. Vos bras doivent former un cercle.

8. Quand vous avez terminé, reposez le cristal délicatement. Levez les bras et secouez-les.

9. Ouvrez les yeux et attendez quelques instants avant de vous relever.

Comment aligner vos chakras avec des cristaux en méditation

1. Asseyez-vous en tailleur ou sur une chaise et fermez les yeux.

2. Tenez le cristal dans vos mains sur vos genoux et prenez quelques inspirations profondes.

3. Visualisez-vous comme un grand arbre puissant dont les racines s'enfoncent profondément sous la terre.

4. Voyez vos racines atteindre le centre même de la Terre, où elles s'enroulent autour d'un gros cristal de fer.

5. Concentrez-vous sur le cristal que vous tenez et visualisez-le commencer à luire.

6. Visualisez un rayon de lumière blanche descendre de votre cristal vers le centre de la Terre.

7. Visualisez maintenant un rayon de lumière sortir de votre cristal et remonter le long de tous les chakras jusque dans le ciel au-dessus de vous.

8. Enfin, visualisez ce pilier de lumière blanche et sentez vos chakras s'aligner.

9. Quand vous avez le sentiment que le processus est terminé, ouvrez les yeux et attendez quelques instants avant de vous relever.

POSTFACE

J'espère que ce livre vous a permis de mieux comprendre le système des chakras et la manière dont il se rapporte à tous les aspects de votre vie, de votre mental, de votre corps et de votre esprit. La compréhension de nos chakras peut beaucoup influencer la manière dont nous voyons le monde et notre pratique spirituelle. La lithothérapie n'est qu'une des clés holistiques qui ouvrent les portes de votre corps énergétique.

Au fil du temps, si vous purifiez, équilibrez et alignez régulièrement vos chakras, vous constaterez des changements dans la manière dont vous pensez, ressentez et créez. Travailler avec nos chakras peut être une expérience transformatrice. Les cristaux peuvent être des outils et des alliés puissants pour notre développement personnel et spirituel.

Avec toute ma gratitude,
Ethan

CRÉDITS PHOTO

Adobe Stock

Sauf :

- Ethan Lazzerini pages 67 (bas), 68 (haut), 69 (haut), 80, 81 (bas), 83 (haut), 94, 95 (haut), 96 (bas).
- Freepik (ornements graphiques) : pages 6, 11, 15, 17, 33, 43, 49, 55, 65, 79, 93, 104, 106, 108.

OUVRAGES DU MÊME ÉDITEUR

Le Grand Guide des chakras

Auteure : Dr Athena Perrakis

Exploitez le pouvoir de vos centres énergétiques !

Vos chakras sont les centres d'énergie qui font la transition entre le monde visible du corps physique et le monde invisible de l'énergie. Mentionnés pour la première fois dans les anciens textes hindous et étudiés depuis des milliers d'années dans de nombreuses traditions spirituelles, dont l'acupuncture, la méditation et le yoga, les chakras détiennent la clé de notre bien-être. En mettant à profit le pouvoir de nos chakras, nous pouvons mener une vie plus saine, plus équilibrée et plus riche.

Accessible, pratique et profond, ce livre magnifiquement illustré mêle habilement sagesse ancienne et compréhension moderne. Il apportera beaucoup à tous ceux qui sont engagés dans la guérison énergétique et le développement du bien-être.

– Judy Hall, auteure de *La Bible des Cristaux et Transformer sa vie grâce au pouvoir des cristaux*

Le Grand Guide des chakras est une conversation holistique sur l'énergie intérieure qui nous anime et nous fait vivre. Plus important encore, c'est une conversation avec les chakras eux-mêmes, qui conduit le lecteur à se poser des questions essentielles sur ce qui influence sa vitalité intérieurement et extérieurement.

– Pixie Lighthorse, auteure de *Boundaries & Protection*

Broché 20 x 25 - Illustrations couleur - 208 pages

Les Cristaux pour débutants

Auteure : Karen Frazier

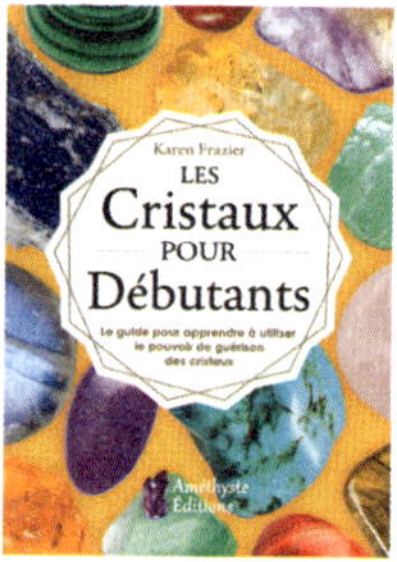

Depuis toujours, les cristaux nous séduisent par leur beauté. Aujourd'hui, de plus en plus de gens se tournent vers ces réservoirs naturels d'énergie vibratoire pour retrouver un bien-être général, se détendre, retrouver l'équilibre et se concentrer sur ce qui est positif.

Les Cristaux pour Débutants vous aidera à comprendre comment les cristaux peuvent vous aider à améliorer votre vie, et donc le monde dans son ensemble.

Karen Frazier, guérisseuse énergéticienne, nous donne une introduction claire et précise à la guérison par l'énergie des cristaux, ainsi que des conseils pour réunir une collection efficace.

Avec quelques éléments de base et une poignée de minéraux, vous pouvez prendre le contrôle des énergies intérieures et extérieures pour créer votre espace de calme au cœur de toutes les tempêtes...

PROFILS DES CRISTAUX : Une étude détaillée d'une cinquantaine de cristaux, de leurs propriétés précises et leur usage.

USAGES DES CRISTAUX : Mettez vos cristaux au travail, avec 75 prescriptions qui offrent des conseils précis pour travailler sur toute une série de problèmes, comme l'addiction, l'amour, l'anxiété, le bonheur, le chagrin, la colère, la compassion, la confiance en soi, la confiance, le courage, la décision, l'envie, l'équilibre, la gratitude, les limites, la maltraitance, la motivation, la négativité, la paix intérieure, le pardon, la patience, la prospérité, le regret, le rejet et le stress.

Broché 15 x 21 - Illustrations couleur - 218 pages